AF201414

Impressum
Verlag: BABADADA GmbH, Nedderfeld 112 , 22529 Hamburg
Geschäftsführer / Verlagsleitung: Harald Hof
Druck: Books on Demand GmbH, In de Tarpen 42, 22848 Norderstedt

Imprint
Publisher: BABADADA GmbH, Nedderfeld 112 , 22529 Hamburg, Germany
Managing Director / Publishing direction: Harald Hof
Print: Books on Demand GmbH, In de Tarpen 42, 22848 Norderstedt, Germany

1

shkolla

ትምህርት ቤት

klasa
መማሪያ ክፍል
pjesëtim
ማካፈል
186/2
tabela
ሰሌዳ
oborr shkolle
የትምህርት ቤት ቅጥር ግቢ
mësues
መምህር
letër
ወረቀት
shkruaj
stilolaps
እስክሪብቶ
tavolinë
መፃፊያ ጠረጴዛ
vizore
ማስመሪያ
libri
መጽሐፍ
nxënës
ተማሪ

çantë
የጀርባ ቦርሳ

mbajtëse lapsash
የእርሳስ መያዣ

laps
እርሳስ

mprehës lapsash
የእርሳስ መቅረጫ

gomë
ላጲስ

fletore vizatimi
የስዕል ደብተር

2 shkolla - ትምህርት ቤት

vizatim

ስዕል

penel

የቀለም ብሩሽ

kuti bojërash

የቀለም ሳጥን

gërshërë

መቀስ

ngjitës

ማጣበቂያ

fletore detyrash

መልመጃ ደብተር

detyrë shtëpie

የቤት ስራ

12

numër

ቁጥር

2+2

mbledh

መደመር

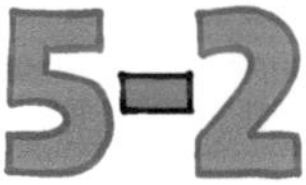

5-2

zbres

መቀነስ

2×2

shumëzoj

ማባዛት

llogaris

ቁጥሮችን ማስላት

A

gërmë

ደብዳቤ

ABCDEFG
HIJKLMN
OPQRSTU
VWXYZ

alfabeti

ፊደላት

hello

fjalë

ቃል

tekst

ፅሑፍ

lexoj

ማንበብ

shkumës

ጠመኔ

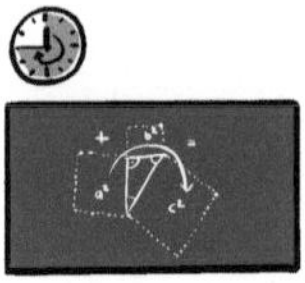

mësim

ትምህርት

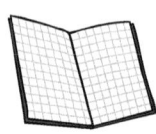

regjistër

ምዝገባ

provim

ፈተና

çertifikatë

ሰርተፊኬት

uniformë shkolle

የትምህርት ቤት የደንብ ልብስ

arsimim

ትምህርት

enciklopedia

አዉደ ጥበብ

universitet

ዩኒቨርስቲ

mikroskop

የምርምር አጉሊ መሳርያ

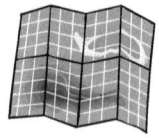

hartë

ካርታ

kosh letrash

የቆሻሻ ወረቀት መጣያ ቅርጫት

hotel
ሆቴል
Grand
bujtinë
ማረፊያ ቤት
ROOMS
EXCHANGE
pikë këmbimi valutor
የዉጭ ገንዘብ ምንዛሪ ቢሮ
valixhe
ልብስ መያዣ ሻንጣ
makinë
መኪና

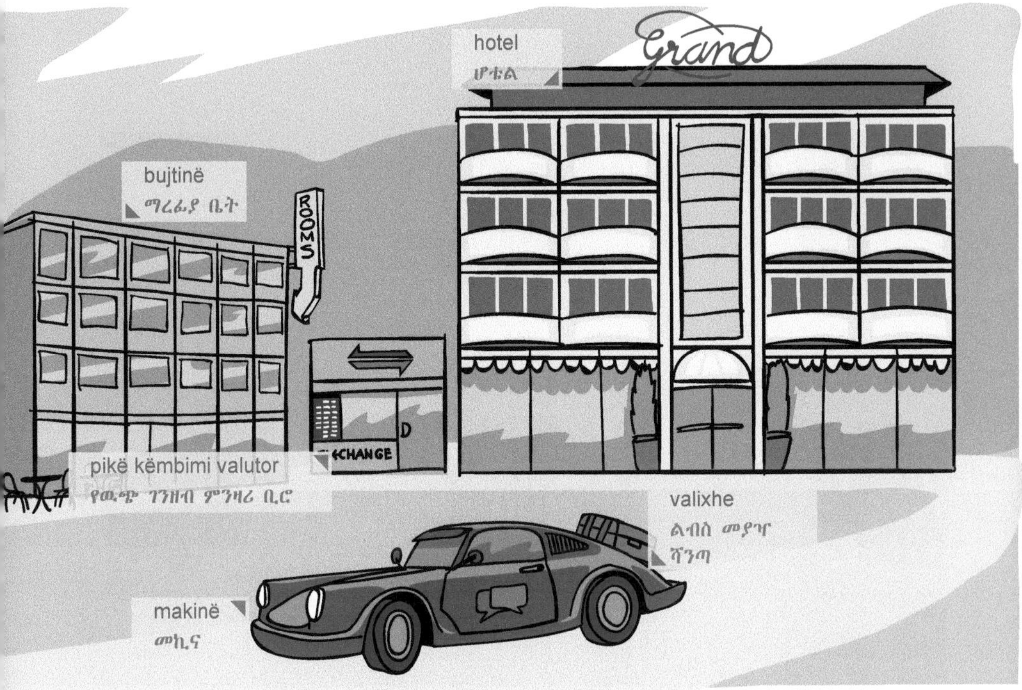

gjuhë

ቋንቋ

po / jo

አዎ/ አይደለም

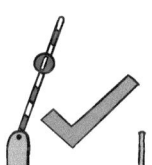

Në rregull

እሺ

ç'kemi

ሰላም

përkthyes

አስተርጓሚ

Faleminderit

አመሰግናለሁ

sa kushton...?

ስንት ነው.......?

nuk e kuptoj

አልገባኝም

problem

እክል

Mirëmbrëma!

እንደምን አመሹ!

Mirëmëngjes!

እንደምን አደሩ!

Natën e mirë!

መልካም ምሽት!

mirupafshim

ደህና ይሰንብቱ

drejtim

አቅጣጫ

bagazhet

ሻንጣ

çantë

ቦርሳ

çantë shpine

የጀርባ ቦርሳ

mysafir

እንግዳ

dhomë

ክፍል

thes gjumi

የመተኛ ቦርሳ

tendë

ድንኳን

informacion për turistët

....

የጎብኚዎች መረጃ

plazh

....

የባህር ዳርቻ

kartë krediti

....

ክሬዲት ካርድ

mëngjes

....

ቁርስ

drekë

....

ምሳ

darkë

....

እራት

Biletë

....

ቲኬት

ashensor

....

አሳንሰር

pulla

....

ማህተም

kufi

....

ድንበር

doganë

....

ባህሎች

ambasadë

....

ኤምባሲ

vizë

....

ቪዛ/የይለፍ ወረቀት

pasaportë

....

ፓስፖርት

transport

መጓጓዣ

aeroplan
አዉሮፕላን
anije
መርከብ
makinë zjarrfikëse
የእሳት አደጋ መኪና
autobus
kamion
የጭነት መኪና
motoskaf
የሞተር ጀልባ
biçikletë
ብስክሌት
makinë
መኪና

traget

የማመላለሻ ጀልባ

varkë

ጀልባ

motoçikletë

የሞተር ብስክሌት

makinë policie

የፖሊስ መኪና

makinë garash

የዉድድር መኪና

makinë me qira

የኪራይ መኪና

darje e qirasë së makinës

የመኪና መጋራት

karroatrec

ጎታች መኪና

makinë plehrash

የቆሻሻ ጭነት መኪና

motor

ሞተር

benzinë

ነዳጅ

pikë karburanti

የቤንዚን ማደያ

sinjalistikë trafiku

የመንገድ ምልክት

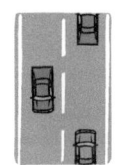

trafik

የመኪኖች እንቅስቃሴ

bllokim trafiku

የመኪና መጨናነቅ

parkim makinash

የመኪና ማቆሚያ

stacion treni

የባቡር ጣቢያ

trase

የባቡር ሀዲዶች

tren

ባቡር

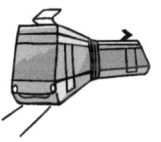

tramvaj

የኤሌክትሪክ ባቡር

karro

ሰረገላ

helikopter

ሄሊኮፕተር

aeroport

አየር ማረፊያ

kullë

ማማ

pasagjer

መንገደኛ

kontenier

ማስቀመጫ፣ ማጠራቀሚያ

kuti kartoni

ካርቶን እቃ ማሸጊያ

qerre

ጋሪ፣ ተሳቢ

shportë

ቅርጫት

ngrihem / ulem

መነሳት/ ማረፍ

qytet

ከተማ

fshat

መንደር

qendra e qytetit

የከተማ ማዕከል

shtëpi

ቤት

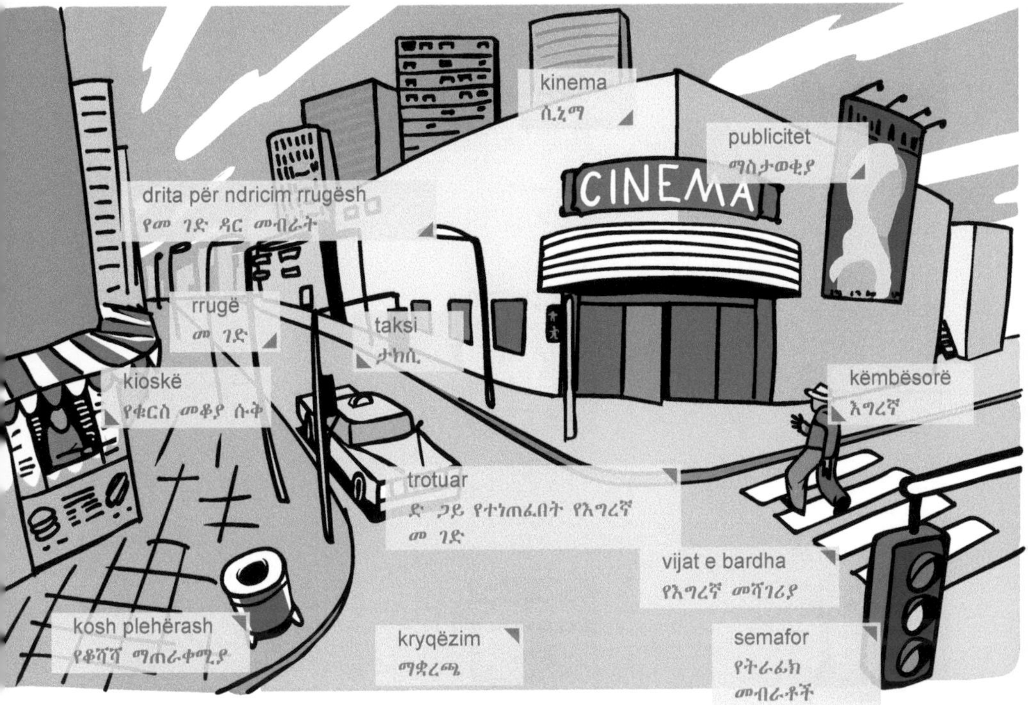

kinema
ሲኒማ

publicitet
ማስታወቂያ

drita për ndricim rrugësh
የመ ገድ ዳር መብራት

rrugë
መ ገድ

taksi
ታክሲ

kioskë
የቁርስ መቆያ ሱቅ

këmbësorë
እግረኛ

trotuar
ድ ጋይ የተነጠፈበት የእግረኛ
መ ገድ

vijat e bardha
የእግረኛ መሻገሪያ

kosh plehërash
የቆሻሻ ማጠራቀሚያ

kryqëzim
ማቋረጫ

semafor
የትራፊክ
መብራቶች

CINEMA

kasolle
ጎጆ

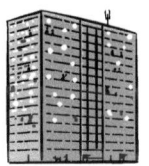

apartament
አፓርታማ

stacion treni
የባቡር ጣቢያ

bashki
የከተማ አዳራሽ

muze
ቤተ መዘክር

shkolla
ትምህርት ቤት

universitet

ዩኒቨርስቲ

bankë

ባንክ

spital

ሆስፒታል

hotel

ሆቴል

farmaci

መድሐኒት ቤት

zyrë

ቢሮ

librari

መፅሐፍ መሸጫ

dyqan

ሱቅ

dyqan lulesh

የአበባ መሸጫ

supermarket

የሸቀጣ ሸቀጥ መደብር

market

ገበያ ስፍራ

mapo

መደብር

dyqan peshku

የዓሳ ነጋዴ

qëndër tregtare

የገበያ ማዕከል

port

ወደብ

park

መናፈሻ ቦታ

stol

አግዳሚ ወንበር

urë

ድልድይ

shkallë

ደረጃዎች

metro

ዉስጥ ለዉስጥ

tunel

ዋሻ

stacion autobuzi

የአዉቶቡስ ፌርማታ

bar

ባር

restorant

ምግብ ቤት

kuti postare

የፖስታ ሳጥን

sinjalistikë rrugore

የመንገድ ምልክት

kohëmatës parkimi

የመኪና ማቆሚያ ሒሳብ የሚያሰላ ማሽን

kopsht zoologjik

የደር እንስሳት ማቆያ

pishinë

የመዋኛ ገንዳ

xhami

መስጊድ

fermë

እርሻ

ndotje

የሚበክል ነገር

varrezë

መቃብር ስፍራ

kishë

ቤተ ክርስቲያን

shesh lojërash

መጫወቻ ሜዳ

tempull

ቤተ መቅደስ

peisazh

መልከዓምድር

gjethe
ቅጠል

tabela orientuese
የመንገድ ላይ ምልክት

rrugë
መንገድ

livadh
አረንጓዴ መስክ

gurë
ድንጋይ

ekskursionist
በእግሩ የሚጓዝ

pemë
ዛፍ

lumë
ወንዝ

bar
ሳር

lule
አበባ

luginë

ሸለቆ

kodër

ኮረብታ

liqen

ሀይቅ

pyll

ጫካ

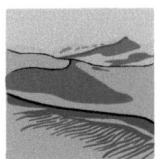

shkretëtirë

በረሃ

vullkan

እሳተ ገሞራ

kështjellë

ግምብ

ylber

ቀስተ ዳመና

kepudhë

እንጉዳይ

palmë

የቴምብር ዛፍ/ ዘንባባ

mushkonjë

ቢንቢ/ የወባ ትንኝ

mizë

በራሪ

milingonë

ጉንዳን

bletë

ንብ

merimangë

ሸረሪት

brumbull

ጢንዚዛ

bretkosë

እንቁራሪት

ketër

ሽኮኮ

iriq

ጃርት

lepur

ጥንቸል

buf

ጉጉት ወፍ

zog

ወፍ

mjellmë

የዉሃ ዳክዬ

derr i egër

ከርከሮ

dre

አጋዘን

dre brilopatë

አጋዘን

digë

ግድብ

turbinë ere

በነፋስ የሚሽከረከር

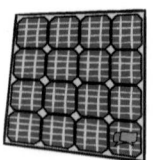

panel diellor

የፀሀይ ፓኔሎ

klimë

አየር ንብረት

kamarier
አስተናጋጅ

menu
ማዉጫ

karrige
ወንበር

supë
ሾርባ

pica
ፒዛ

mbulesë tavoline
የጠረጴዛ ጨርቅ

set ngrënieje
መክተፊያ

pjatë e parë

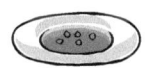

የምግብ ፍላጎትን የሚከፍት
ምግብ

pjatë kryesore

ዋና ምግብ

ëmbëlsirë

ማጣጣሚያ ተከታይ ምግብ

pije

መጠጦች

ushqim

ምግብ

shishe

ጠርሙስ

ushqim i shpejtë

ፈጣን ምግብ

ushqim i shërbyer në rrugë

የመንገድ ምግብ

ibrik çaji

የሻይ ማንቆርቆሪያ

kuti sheqeri

የስኳር እቃ

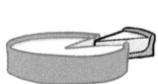

racion

ድርሻ

makinë kafeje ekspres

የቡና ማፊያ ማሽን

karrige e lartë

ባለጌ ወንበር

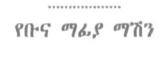

faturë

የክፍያ ደረሰኝ

tabaka

ትሪ

thika

ቢላዋ

pirun

ሹካ

lugë

ማንኪያ

lugë çaji

የሻይ ማንኪያ

pecetë

ልብስ ምግብ እንዳይነካ የሚረዳ ጨርቅ

gotë

ብርጭቆ

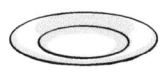

pjatë

ዝርግ ሰሀን

pjatë supe

የሾርባ ጎድጓዳ ሰሀን

pjatë filxhani

የስኒ ማስቀመጫ

salcë

ማጣፈጫ ስጎ

mbajtëse kripe

የጨው እቃ

mulli piperi

የተፈጨ ቃሪያ

uthull

ኮምጣጤ

vaj

የምግብ ዘይት

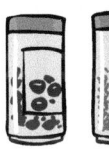

erëza

ቀመማ ቅመሞች

keçap

የቲማቲም ድልህ

mustardë

ሰናፍጭ

majonezë

ማዮኒዝ

supermarket

የሸቀጣ ሸቀጥ መደብር

ofertë speciale
ልዩ አቅራቦት
klient
ደምበኛ
produkte bulmeti
የወተት ተዋፅዖ
frut
ፍራፍሬ
karrocë pazari
ባለ ጎማ የእጅ ጋሪ

dyqan mishi

ሉካንዳ ነጋዴ

furrë buke

መጋገርያ

peshoj

ክብደት መመዘን

perime

ቅጠላ ቅጠል አትክልት

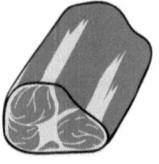

mish

ስጋ

ushqim i ngrirë

የቀዘቀዘ/የረጋ ምግብ

copë

ቀዝቃዛ ቁራጭ

ushqim i konservuar

የታሸገ ምግብ

pluhur larës

የማጠቢያ ዱቄት

ëmbëlsirat

ጣፋጮች

prodhime shtëpie

የቤት ዉስጥ ዉጤቶች

produkte pastrimi

የፅዳት ምርቶች

shitëse

የሽያጭ ባለሙያ

kasë fiskale

የገንዘብ መመዝቢያ ማሽን

arkëtar

የሒሳብ ሰራተኛ

listë blerjeje

የግዢ ዝርዝር

oraret e punës

ክፍት ሰዓታት

portofol

የኪስ ቦርሳ

kartë krediti

ክሬዲት ካርድ

çantë

ቦርሳ

qese plastike

የፕላስቲክ ቦርሳ

pije

መጠጦች

ujë

ውሃ

lëng frutash

ጭማቂ

qumësht

ወተት

koka-kola

ኮካ-ኮላ

verë

ወይን

birrë

ቢራ

alkool

አልኮል

kakao

ኮካ

çaj

ሻይ

kafe

ቡና

kafe ekspres

የተፈላ ቡና

kapuçino

ካፑቺኖ

banane

ሙዝ

mollë

ፖም

portokalle

ብርቱካን

pjepër

ሀብሀብ

limon

ሎሚ

karrotë

ካሮት

hudhër

ነጭ ሽንኩርት

bambu

ሸምበቆ

qepë

ቀይ ሽንኩርት

kërpudha

እንጉዳይ

arra

ለዉዝ

makarona

የህፃናት ምግብ

spageti

ፓስታ

oriz

ሩዝ

sallatë

ሰላጣ

patate të skuqura

የድንች ጥብስ

patate të skuqura

ድንች ጥብስ

pica

ፒዛ

hamburger

ዳቦ ዉስጥ በስሱ ተጠብሶ የገባ
ስጋ

sanduiç

ሳንድዊች

shnicel

ጥሬ ስጋ

proshutë

የአሳማ ስጋ

sallam

በቅመምና በጨዉ የታሸ ምግብ
ቀዝቅዞ የሚበላ ሾርባ ምግብ

salçiçe

ቋሊማ

pulë

ዶሮ

skuq

ጥብስ

peshk

አሳ

tërshërë
የአጃ ገንፎ

drithëra
ከወተት ጋር ተደባልቀዉ የሚበሉ ምግቦች

kornfleiks
የበቆሎ ቅርፊት

miell
ዱቄት

kruasant
ኩራሳ

panine
ድብልብል ዳቦ

bukë
ዳቦ

tost
መጥበስ

biskotë
ብስኩት

gjalp
ቅቤ

gjizë
እርጎ

tortë
ኬክ

vezë
እንቁላል

vezë sy
እንቁላል ጥብስ

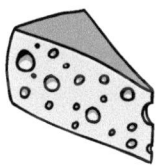

djathë
አይብ

akullore

የበረዶ ክሬም

sheqer

ስኳር

mjaltë

ማር

marmaladë

ማርማላት

çokokrem

የተናጠ የወተት ክሬም

këri

ማጣፈጫ

shtëpi fermë
የገበሬ ቤት

deng bari
የጭድ ክምር

hangar
የእህልና የከብት ማቀመጫ
ቤት

fushë
ሜዳ

kal
ፈረስ

rimorkio
ተሳቢ መኪና

kërriç
የፈረስ ዉርንጭላ

traktor
የእርሻ መኪና

gomar
አህያ

dele
በግ

qengj
የበግ ጠቦት

dhi
....
ፍየል

lopë
....
ላም

viç
....
ጥጃ

derr
....
አሳማ

derrkuc
....
ግልገል አሳማ

dem
....
ኮርማ

patë

ዝይ

rosë

ዳክዬ

zog pule

የዶሮ ጫጩት

pulë

ዶር

gjel

አዉራ ዶሮ

mi

አይጥ

mace

ደድመት

mi

አይጥ

buall

በሬ

qen

ዉሻ

kolibe qeni

የዉሻ ቤት

zorrë vaditëse

የአትክልት ቦታ

vaditëse

ዉሃ ማጠጫ ባልዲ

kosë

ረጅም ማጭድ

plug

ማረሻ

drapër

ማጭድ

shat

መኮትኮቻ

kosa

የእህል መንሽ

sëpatë

መጥረቢያ

karrocë

ኩርኩር/ የእጅ ጋሪ

govatë

ገንዳ

bidon qumështi

የወተት ዕቃ

thes

ጆንያ ከረጢት

gardh

አጥር

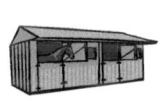

ahur

የፈረስ ጋጣ

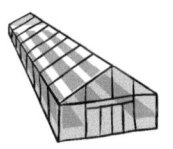

serë

ዕፅዋት ማሳደጊያ የመስታዉት ቤት

dhe

አፈር

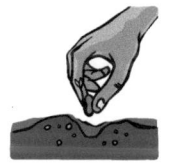

farë

ዘር

pleh

የመሬት ማዳበሪያ

autokombanjë

ጥምር ማረሻ

korr

አዝመራ መሰብሰብ

te korrat

አዝመራ

patate e ëmbël "Yam"

ድንች

grurë

ስንዴ

soja

ሶያ

patate

ድንች

misër

በቆሎ

raps

የከብት መኖ

pemë frutore

የፍሬ ዛፍ

zhardhok manioku

የካሳቫ ዛፍ

drithëra

እህል

shtëpi

ቤት

oxhak
የጪስ ማዉጫ
çati
ጣራ
shkarkues uji
dritare
መስኮት
garazh
ጋራዥ
zile e derës
የበር ደወል
derë
በር
kosh plehërash
የቆሻሻ ማጠራቀሚያ
kuti postare
ፖስታ ሳጥን
kopësht
የአትክልት ቦታ

dhomë ndenjeje

ሳሎን

tualet

መታጠቢያ ቤት

kuzhinë

ማድቤት

dhomë gjumi

መኝታ ቤት

dhomë fëmijësh

የልጅ ክፍል

dhomë ngrënieje

መመገቢያ ክፍል

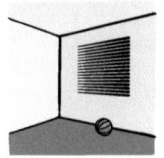

dysheme

ወለል

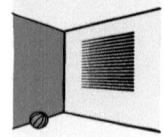

mur

ግድግዳ

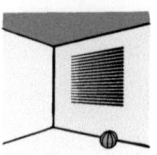

tavan

ጣሪያ

bodrum

ምድር ቤት

sauna

በእንፋሎት ሙቀት መታጠቢያ ቤት

ballkon

ሰገነት

tarracë

ከፍ ያለ መደብ

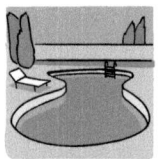

pishinë

የመዋኛ ገንዳ

kositëse bari

የማጨጃ መኪና

çarçaf

አንሶላ

kuvertë

የአልጋ ልብስ

krevat

አልጋ

fshesë dore

መጥረጊያ

kovë

ባልዲ

çelës

ማብሪያና ማጥፊያ

dhomë ndenjeje

ሳሎን

tapiceri
የግድግዳ ወረቀት
fotografi
ፎቶ
llambë
መ ራት
raft
መ ር ሪያ
dollap
ቁም ሳጥን፤ ካቢኔ
pajisje televizive
vatër
የእሳት መሞቂያ
lule
አበባ
jastëk
ትራስ
divan
ሶፋ
vazo
የአበባ ማስቀመጫ
telekomandë
ሪሞት ኮንትሮል

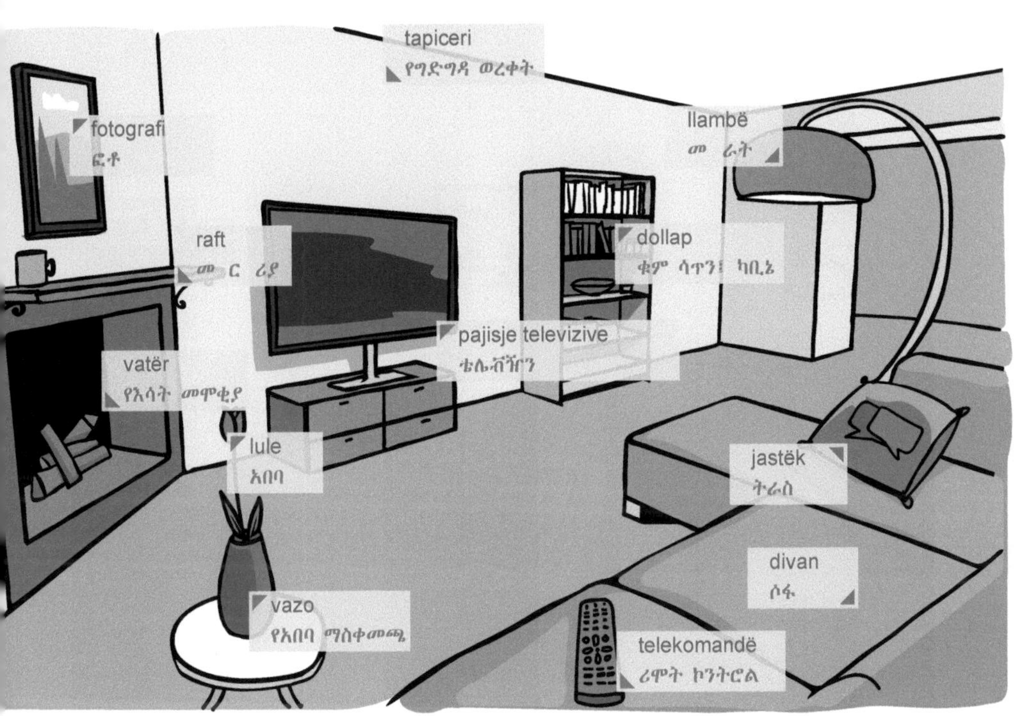

qilim

ንጣፍ

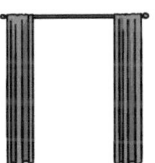

perde

መጋረጃ

tavolinë

ጠረጴዛ

karrige

ወንበር

karrige lëkundëse

ተወዛዋዥ ወንበር

kolltuk

ባለመ ገፊያ ወንበር

libri

መጽሐፍ

batanije

ብርድ ልብስ

zbukurime

ጌጥ

dru zjarri

ማገዶ

film

ፊልም

stereo

የሙዚቃ መጫወቻ

çelës

ቁልፍ

gazetë

ጋዜጣ

pikturë

ስዕል

afishe

የተለጠፈ ማስታወቂያ እንደ ስዕል

radio

ራዲዮ

bllok shënimesh

ማስታወሻ ደብተር

fshesë me korent

የአየር ማፅጃ ለምንጣፍ

kaktus

ቁልቋል

qiri

ሻማ

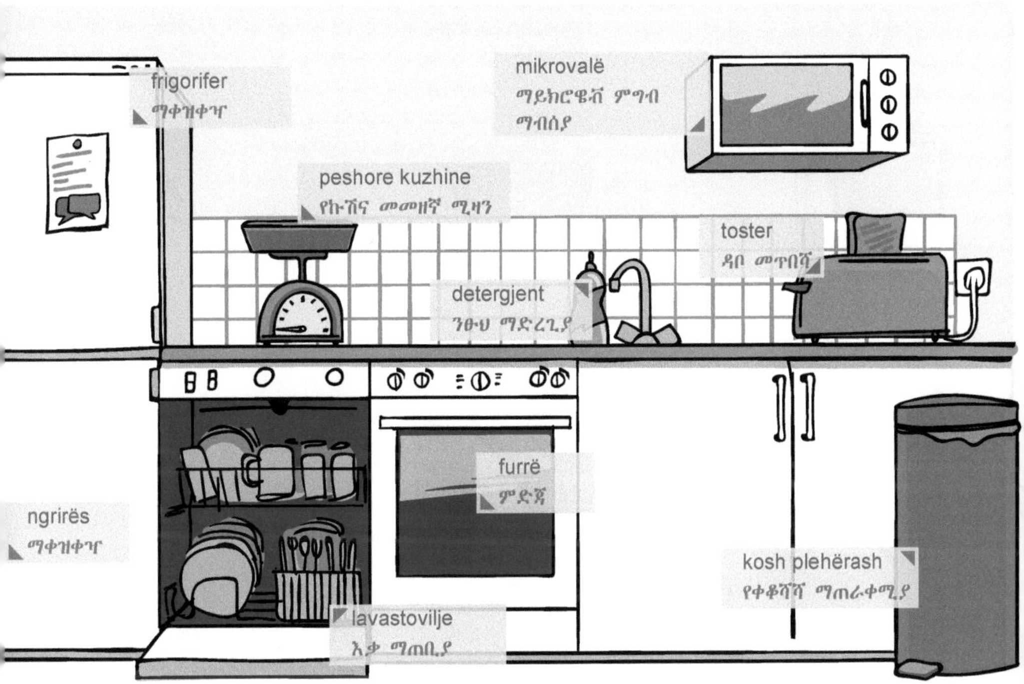

frigorifer
ማቀዝቀዣ
mikrovalë
ማይክሮዌቭ ምግብ
ማብሰያ
peshore kuzhine
የኩሽና መመዘኛ ሚዛን
toster
ዳቦ መጥበሻ
detergjent
ንፁህ ማድረጊያ
furrë
ምድጃ
ngrirës
ማቀዝቀዣ
kosh plehërash
የቆሻሻ ማጠራቀሚያ
lavastovilje
እቃ ማጠቢያ

sobë

ምግብ አብሳይ

tenxhere

ማሰሮ

tenxhere me kapak

የብረት ማሰሮ

tigan special (Wok)

ምግብ ማብሰያ ዝርግ ድስት

tigan

የምግብ መጥበሻ

çajnik

ማንቆርቆሪያ

tenxhere me avull

የእንፋሎት ማብሰያ

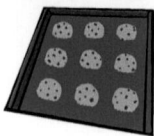

tavë pjekjeje

የመጋገሪያ ትሪ

enë

ሰብስቦች

filxhan

ትልቅ ኩባያ

tas

ጎድጓዳ ሳህን

shkopinj

ቾፕስቲክስ

garuzhde

ጭልፋ

spatul

መሰቅሰቂያ ዝርግ ማንኪያ

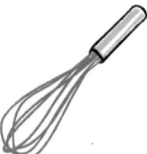

tel kuzhine

ማደባለቂያ

kulluese

መወጠሪያ

sitë

ወንፊት

rende

መፈርፈሪያ መሳሪያ

havan

ሲሚንቶ

skarë

የፍም ጥብስ

zjarr

የተለቀቀ እሳት

dërrasë për prerje

....

መክተፊያ

okllai

....

ተንሸራታች መርፌ

heqëse tapash

....

የጠርሙስ መክፈቻ

kanaçe

....

ጣሳ

hapëse kanaçeje

....

የጣሳ መክፈቻ

rrobë për të kapur tenxheren

....

የማሰሮ መሸፈኛ

lavaman

....

ሳህን ማጠቢያ

furçë

....

ብሩሽ

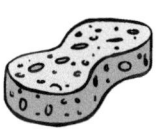

sfungjer

....

ስፖንጅ

përzjerës

....

መደባለቂያ መሳሪያ

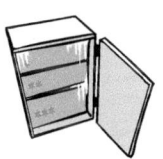

ngrirës

....

በጣም ማቀዝቀዣ

biberon për lëngje

....

ጡጦ

rubinet

....

ቧንቧ

tualet

መታጠቢያ ቤት

ngrohje
ማሞቂያ
dush
መታጠቢያ
peshqirë
ፎጣ
perde dushi
የመታጠቢያ ቤት መጋረጃ
vaskë me shkumë
የአረፋ መታጠቢያ
vaskë
የመታጠቢያ ገንዳ
gotë
ብርጭቆ
lavatriçe
የልብስ ማጠቢያ
rubinet
ን
pllaka
ማዕዘን ወለል
oturak
lavaman
ሳህን ማጠቢያ

tualet
ሽንት ቤት

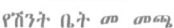

WC e sheshtë
የሽንት ቤት መ መጫ

bide
ሳፋ

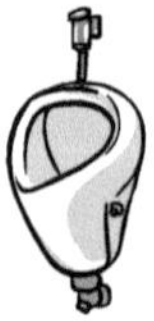

tualet publik
የመንገድ ዳር መሽኛ

letër higjienike
የሽንት ቤት ወረ ት

furçe për WC
የሽንት ቤት ማፅጃ ብሩሽ

furçë dhëmbësh
....
የጥርስ ብሩሽ

pastë dhëmbësh
....
የጥርስ ሳሙና

fije dentare
....
የጥርስ ማፅጃ ክር

laj
....
መታጠብ

dorezë dushi
....
የእጅ መታጠቢያ

larës për zonën intime
....
መታጠቢያ

legen
....
ጎድጓዳ ሳህን

furçë për masazh shpine
....
የጀርባ ብሩሽ

sapun
....
ሳሙና

shampo trupi
....
መታጠቢያ የሚዝለገለግ ሳሙና

shampo
....
የፀጉር መታጠቢያ ሳሙና

leckë pastruese
....
ለስላሳ ጨርቅ

kullues
....
ፍሳሽ

krem
....
ክሬም

antidjersë
....
ጠረን መቀየሪያ ንጥረ ነገር

pasqyrë

መስታወት

pasqyrë dore

የእጅ መስታወት

brisk rroje

ምላጭ

shkumë rroje

የመላጫ አረፋ

locion pas rrojes

ከመላጨት በኋላ የሚቀባ ሽቱ

krehër

ማበጠሪያ

furçë

ብሩሽ

tharëse flokësh

የፀጉር ማድረቂያ

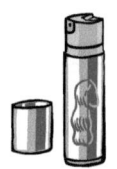

llak për flokët

በፀጉር ላይ የሚነፋ

grim

የፊት መቀባቢያ

buzëkuq

የከንፈር ቀለም

manikyr

የጥፍር ቀለም

mbushje pambuku

የጥጥ ሱፍ

gërshërë për thonj

ጥፍር መቁረጫ

parfum

ሽቶ

antë për sendet personale

....

ማጠቢያ ባልዲ

Stol

....

መቀመጫ

peshore

....

ሚዛን

robëdëshambër

....

የመታጠቢያ ልብስ

dorashka gome

....

የላስቲክ ጓንት

tampon

....

ሞዴስ

peceta higjienike

....

የፅዳት ፎጣ

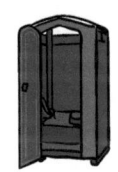

tualet I lëvizshëm

....

የሽንት ቤት ኬሚካል

dhomë fëmijësh

የልጅ ክፍል

orë me zile
lodra me pellushë
የህፃን አሻንጉሊት
makinë lodër
የመጫወቻ መኪና
rraketake
መጫወቻ
shtëpi kukullash
የአሻንጉሊት ቤት
dhuratë
ስጦታ

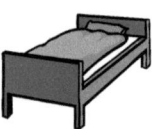

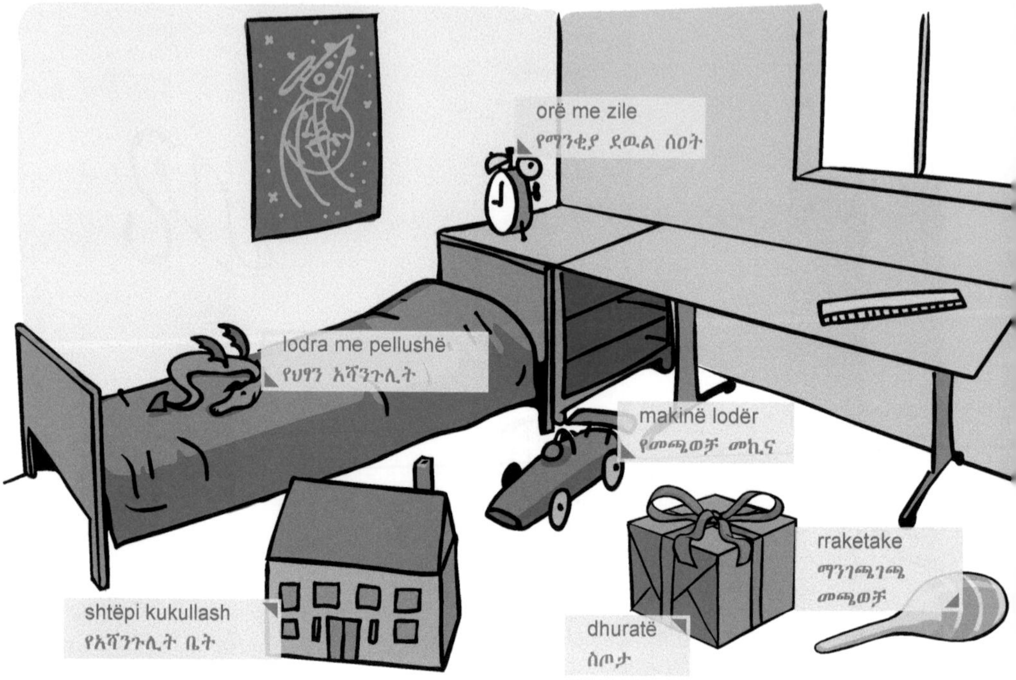

tollumbace

ፊኛ

krevat

አልጋ

karrocë fëmijësh

የህፃን ማንሸራሸሪያ ጋሪ

lojë me letra

የካርታ መጫወቻ

bashkim pjesësh me figura

ቁርጥራጭ ምስሎችን የማገጣጠም
እና ምስል የማግኘት ጨዋታ

komik

አዝናኝ

formuese lodër

ተገጣጣሚ መጫወቻ

kuba plastikë

የመጫወቻ መገጣጠሚያዎች

lodra

የድርጊት ምስል

badi

የህፃን እድገት

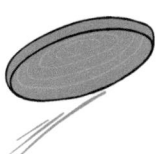

frizbi

የፕላስቲክ መጫወቻ ዝርግ ሰሀን

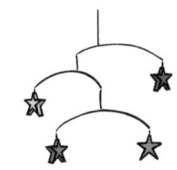

lodra të varura tek krevati i fëmijëve

ተወዛዋዥ የህፃን ማጫወቻ

tavolinë lojërash

የሰሌዳ ጨዋታ

zare

የመጫወቻ ጠጠር

model treni

የመጫወቻ ባቡር

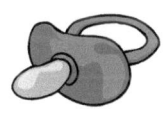

biberon

የእንጀራ እናት ጡጦ

festë

ድግስ

libër me ilustrime

የስዕል መፅሀፍ

top

ኳስ

kukull

አሻንጉሊት

luaj

መጫወት

grumbull rëre

....

የአሸዋ መጫወቻ

kolovarëse

....

ዥዋዥዌ

lodra

....

መጫወቻዎች

leva për lojra video

....

የቪዲዮ መጫወቻ

triçikël

....

ባለ ሶስት ጎማ ብስክሌት

arush prej pellushi

....

የአሻንጉሊት ድብ

garderobë

....

ቁምሳጥን

veshje

አልባሳት

çorape

....

ካልሲዎች

çorape të gjata

....

ስቶኪንጎች

geta

....

ታይት

shall
የአንገት ልብስ

çadër
ዣንጥላ

rrip
ቀበቶ

bluzë pa jakë
ከናቴራ

atlete
ስነ ከሮች

çizme
ቦቲ

pantofla
የቤት ዉስጥ ነጠላ
ጫማ

sandale

ነጠላ ጫማዎች

këpucë

ጫማዎች

çizme llastiku

የዝናብ ቡትስ

të mbathura

ሙታንታ

reçipeta

ጡት መያዣ

kanotierë

ስደርያ

trup

ሰዉነት

pantallona

ሱሪዎች

xhinse

ጅንስ

fund

ጉርድ ቀሚስ

bluzë

ሸሚዝ

këmishë

ሸሚዝ

pulovër

የሚጠለቅ ሹራብ

triko

ሹራብ

xhaketë

ዩኒፎርም ጃኬት

xhaketë

ጃኬት

pallto

ኮት

mushama shiu

የዝናብ ኮት

kostum

ልብስ

fustan

ቀሚስ

fustan nusërie

የሙሽራ ቀሚስ

kostum

ሱፍ

këmishë nate

የለሊት ልብስ

pizhama

የለሊት ልብስ

sari (veshje tradicionale indiane)

ረጅም ቀሚስ

shami koke

ሂጃብ

çallmë

ጥምጣም

veshje për femrat e besimit musliman

ቡርቃ

kaftan (lloj veshjeje tradicionale)

ሽርጥ

ferexhe

አባያ

kostum banje

የዋና ልብስ

rroba banje

አጭር ቁምጣ

pantallona të shkurtra

ቁምጣዎች

tuta sporti

የስራ ቱታ

përparëse

ሽርጥ

dorashka

ጓንት

kopsë

ቁልፍ

syze

መነፅር

byzylyk

አምባር

gjerdan

የአንገት ሀብል

unazë

ቀለበት

vath

የጆሮ ጌጥ

kapuç

ኮፍያ

varëse për pallto

የኮት መስቀያ

kapele

ኮፍያ

kravatë

ክረቫት

zinxhir

ዚፕ

helmetë

የብረት ቆብ

tiranda

መደገፊያ

uniformë shkolle

የትምህርት ቤት የደንብ ልብስ

uniformë

የደንብ ልብስ

gushore

መሃረብ

biberon

የእንጀራ እናት ጡጦ

pelenë

ሽንት ጨርቅ

zyrë

ቢሮ

server
ማሰራጫ ጣቢያ
skedar
የፋይል መደርደሪያ ካቢኔ
printer
የህትመት መሳሪያ
letër
ወረቀት
ekran
መቆጣጠሪያ
tavolinë
መፃፊያ ጠረጴዛ
maus
ማዉዝ
dosje
ማህደር
tastierë
የመፃፊ ቁልፎች
kosh letrash
የቆሻሻ ወረቀት መጣያ ቅርጫት
kompjuter
ኮምፒዉተር
karrige
ወንበር

filxhan kafeje

የቡና መጠጫ ትልቅ ኩባያ

makinë llogaritëse

ማስልያ ማሽን

internet

ኢንተርኔት

kompjuter portativ

ላፕቶፕ

letër

ደብዳቤ

mesazh

መልዕክት

telefon

ተንቀሳቃሽ ስልክ

rrjet

የግንኙነት አዉታር

fotokopje

ማባዣ ማሽን

program

ሶፍትዌር

telefon

ስልክ

prizë

የግድግዳ ሶኬት

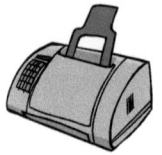

pajisje faksi

የፋክስ ማሽን

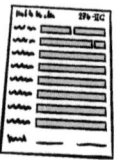

formular

ቅፅ

dokument

ሰነድ

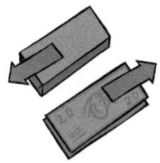

blej

መግዛት

paguaj

መክፈል

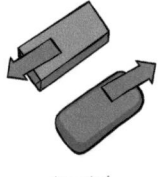

tregtoj

መነገድ

para

ገንዘብ

dollar

ዶላር

euro

ዩሮ

jen

የን

rubla

ሩብል

franga zvicerane

የስዊዝ ፍራንክ

juani kinez

ሬንሚንቢ ዩዋን

rupje

ሩጲ

bankomat

የገንዘብ ነጥብ

pikë këmbimi valutor

....

የዉጪ ገንዘብ ምንዛሪ ቢሮ

ar

....

ወርቅ

argjend

....

ብር

nafta

....

ዘይት

energji

....

ሀይል፤ ጉልበት

çmim

....

ዋጋ

kontratë

....

ግንኙነት

taksë

....

ቀረጥ

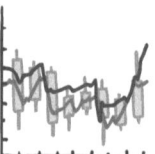

aksione

....

አክስዮን

punoj

....

መስራት

punonjës

....

ተቀጣሪ

punëdhënës

....

ቀጣሪ

fabrikë

....

ፋብሪካ

dyqan

....

ሱቅ

profesionet

ስራ ሙያዎች

oficer policie
ፖሊስ አዛዥ
zjarrfikës
እሳት አደጋ ሰራተኛ
kuzhinier
ምግብ አብሳይ
mjek
ዶክተር
pilot
አብራሪ

kopshtar

አትክልተኛ

marangoz

አናጢ

rrobaqepëse

ልብስ ሰፊ ሴት

gjykatës

ዳኛ

kimist

ቀማሚ

aktor

ተዋናይ

shofer autobuzi

የአዉቶቢስ ሹፌር

taksist

የታክሲ ሹፌር

peshkatar

አሳ አጥማጅ

pastruese

ፅዳት ሰራተኛ

riparues çatish

የጣራ ሰራተኛ

kamarier

አስተናጋጅ

gjuetar

አዳኝ

piktor

ሰዓሊ

furrxhi

ጋጋሪ

elektriçist

የኤሌትሪክ ሰራተኛ

ndërtues

ገምቢ

inxhinier

መሃሃዲስ

kasap

ልኳንዳ

hidraulik

የቧንቧ ሰራተኛ

postieri

የፖስታ ሰራተኛ

ushtar

ወታደር

arkitekt

መሃንዲስ

arkëtar

የሒሳብ ሰራተኛ

luleshitës

አበባ ሻጭ

berber

የፀጉር ሰራተኛ

kontrollor

ቲኬት ቆራጭ

mekanik

መካኒክ

kapiten

ካፒቴን

dentist

የ ርስ ሐኪም

shkencëtar

ተመራ ሪ

rabin

መምህር

imam

የሙስሊም ሃይ ኖታዊ መሪ

murg

መነኩሴ

klerik

ካህን

mjete
መሳሪያዎች

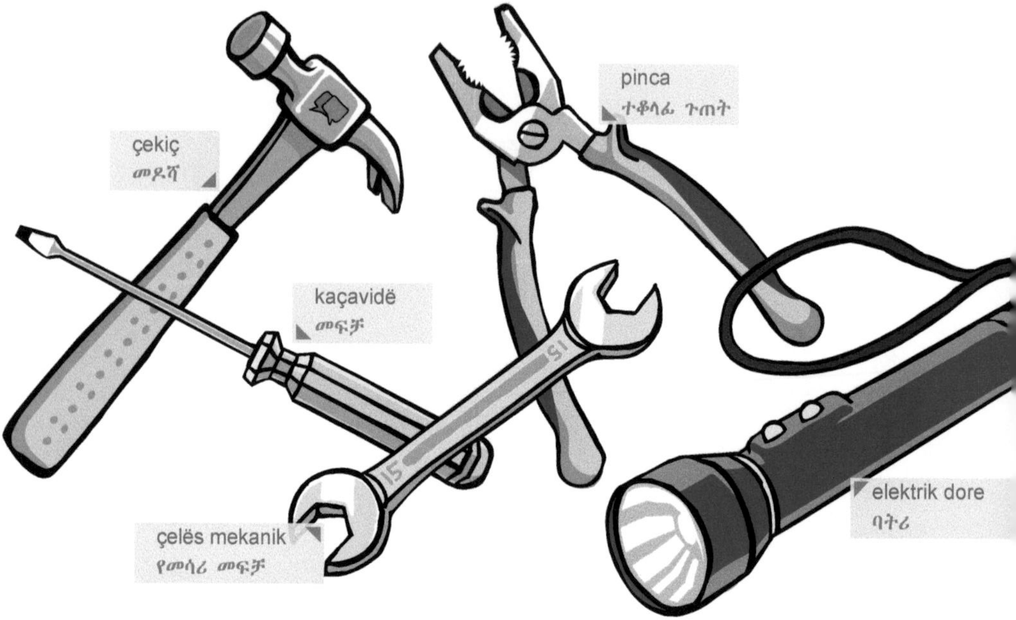

çekiç
መዶሻ
pinca
ተቆላፊ ጉጠት
kaçavidë
መፍቻ
çelës mekanik
የመሳሪ መፍቻ
elektrik dore
ባትሪ

ekskavator
በቁፋሮ የሚዝቅ

kuti veglash
የመፍቻ ሳጥን

shkallë
መሰላል

sharrë
መጋዝ

gozhdë
ምስማር

trapan
መሰርሰሪያ

riparoj

መጠገን

lopatë

አካፋ

Dreq!

የተረገመ!

kaci

ሻሻ ማፈሻ

kuti boje

የቀለም ር ሮ

vidhë

ብሎን

instrumenta muzikorë

ሙዚቃ መሳሪያዎች

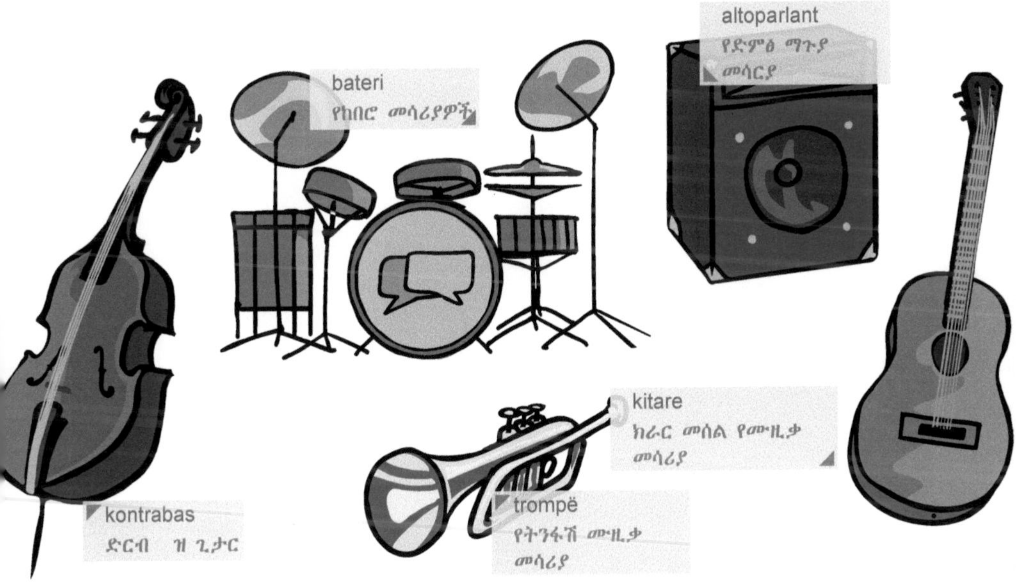

altoparlant
የድምፅ ማጉያ
መሳርያ
bateri
የከበሮ መሳሪያዎች
kitare
ክራር መሰል የሙዚቃ
መሳሪያ
kontrabas
ድርብ ዝ ጊታር
trompë
የትንፋሽ ሙዚቃ
መሳሪያ

piano

ፒያኖ

violinë

ቫዮሊን

bas

ወፍራም ፤ ጎርናና ድምፅ ያለዉ ክራር መሰል ሙዚቃ መሳሪያ

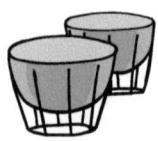

tamburë

ነጋሪት

daulle

ከበሮ

tastierë pianoje

በኤሌክትሪክ የሚሰራ ፒኖ

saksofon

የትንፋሽ ሙዚቃ መሳሪያ

flaut

ዋሽንት

mikrofon

የድምፅ ማጉያ

kopsht zoologjik
የደር እንስሳት ማቆያ

tigër
ነብር
kafaz
ሳጥን
zebër
የሜዳ አህያ
ushqim për kafshë
የእንስሳ ምግብ
panda
hyrje
መግቢ.ያ

kafshë

እንስሳቶች

elefant

ዝሆን

kangur

rinoceront

አዉራሪስ

gorillë

ትልቅ ዝንጀሮ

deve

ግመል

struc

ሰጎን

luan

አንበሳ

majmun

ጦጣ

flamingo

ቅልጥመ ረዥም ወፍ

papagall

በቀቀን

ari polar

የወዋልታ ድብ

pinguin

የዋልታ ወፎች

peshkaqen

ረጅም ጥርሶች ያሉትአሳ ነባሪ

pallua

ጣዎስ

gjarpër

እባብ

krokodil

አዞ

punonjës i kopshtit zoologjik

የዱር አራዊት የሚጠበቁበት
ማቆያን የሚጠብቅ

fokë

አሳ በሊታ የባህር እንስሳ

xhaguar

የዱር ድመት

60 kopsht zoologjik - የደር እንስሳት ማቆያ

poni

ድንክ ፈረስ

leopard

ነብር

hipopotam

ጉማሬ

gjirafë

ቀጭኔ

shqiponjë

ንስር

derr i egër

ከርከሮ

peshk

አሳ

breshkë

የባህር ኤሊ

lopë deti

የባህር አዉሬ

dhelpër

ቀበሮ

gazelë

የሜዳ ፍየል፤ ሚዳቋ

sportet

የስፖርት አይነቶች

futboll amerikan
የአሜሪካ እግርኳስ
çiklizëm
የብስክሌት ስፖርት
tenis
ቴኒስ
basketboll
የቅርጫት ኳስ
not
ዋና
boks
የቡጢ ስፖርት
hokej mbi akull
የበረዶ ላይ የገና ጨዋታ

futboll

እግር ኳስ

badminton

የላበ ኳስ ጨዋታ

atletikë

አትሌቲክስ

hendboll

የእጅ ኳስ ስፖርት

ski

የበረዶ መንሸራተት ስፖርት

polo

ፈረስ ግልቢያ

qesh
መሳቅ

hidhem
መገዝለል

përqafoj
ማቀፍ

eci
መራመድ

këndoj
መዘመር

ëndërroj
ህልም ማለም

lutem
መፀለይ

puth
መሳም

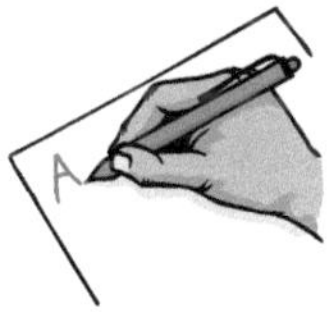

shkruaj
መፃፍ

vizatoj
መሳል

tregoj
ማሳየት

shtyj
መግፋት

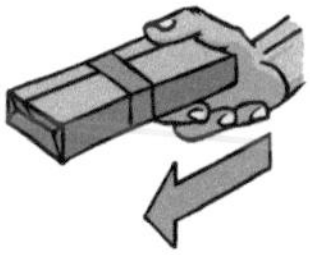

jap
መስጠት

marr
መዉሰድ

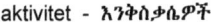

kam

መያዝ

bëj

ማድረግ

jam

መሆን

qëndroj

መቆም

vrapoj

መሮጥ

tërheq

መሳብ

hedh

መወርወር

bie

መዉደቅ

shtrihem

መዋሸት

pres

መጠበቅ

mbaj

መሸከም

ulem

መቀመጥ

vishem

መልበስ

fle

መተኛት

zgjohem

መንቃት

shikoj

መመልከት

qaj

ማለልቀስ

përkëdhel

መጫር

kreh

ማበጠር

bisedoj

ማዉራት

kuptoj

መረዳት

kërkoj

ጥያቄ

dëgjoj

ማዳመጥ

pi

መጠጣት

ha

መብላት

sistemoj

ማንፃት

dashuroj

ማፍቀር

gatuaj

ምግብ ማብሰል

drejtoj makinën

መንዳት

fluturoj

መብረር

lundroj

መርከብ መንዳት

llogaris

ቁጥሮችን ማስላት

lexoj

ማንበብ

mësoj

መማር

punoj

መስራት

martohem

ማግባት

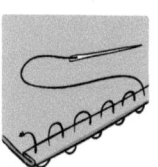

qep

መስፋት

laj dhëmbët

ጥርስ መቦረሽ

vras

መግደል

tymos

ማጨስ

dërgoj

መላክ

familje

ተሰብ

gjyshe
gjysh
የወንድ አያት
baba
አ ት
nënë
ናት
bebe
ህፃን
vajzë
ት ልጅ
djalë
ወንድ ልጅ

mysafir

ንግዳ

teze, hallë

አክስት

dajë, xhaxha

አጎት

vëlla

ወንድም

motër

ህት

trupi

ካል

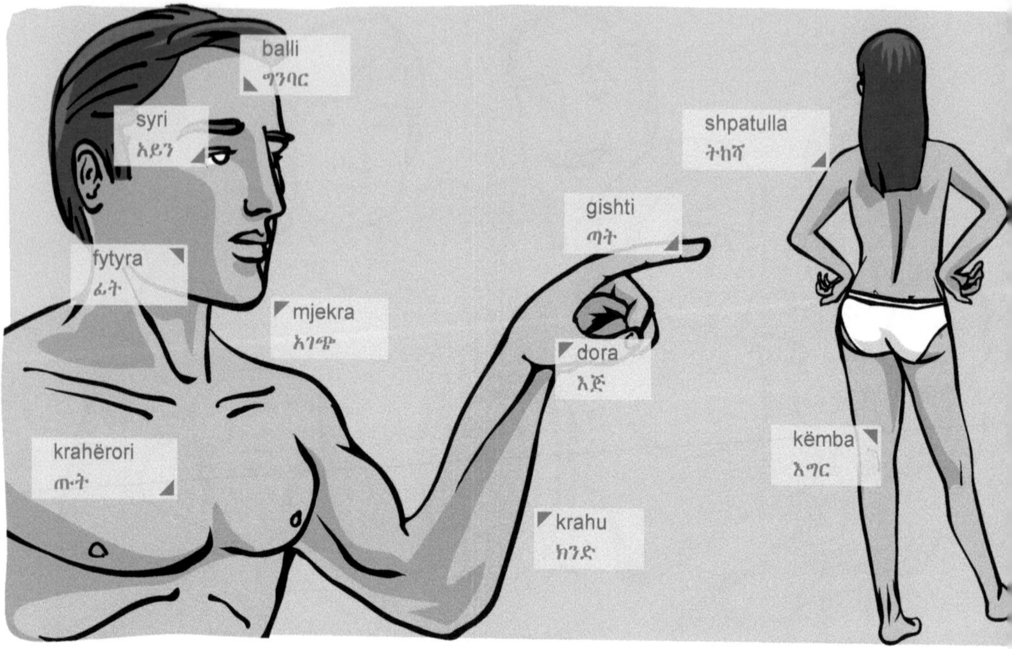

balli
ግንባር
syri
አይን
shpatulla
ትከሻ
gishti
ጣት
fytyra
ፊት
mjekra
አገጭ
dora
እጅ
krahërori
ጡት
këmba
እግር
krahu
ክንድ

bebe

ህፃን

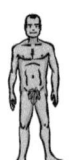

burrë

ሰዉ

grua

ሴት

vajzë

ልጃገረድ

djalë

ወንድ ልጅ

koka

ራስ

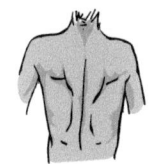

shpina

ጀርባ

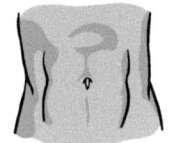

barku

ሆድ

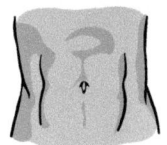

kërthiza

እምብርት

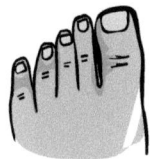

gisht këmbe

የእግር ጣት

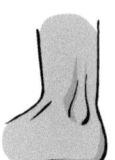

Thembra

ˉ ተረከዝ

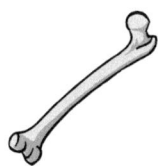

kockë

አጥንት

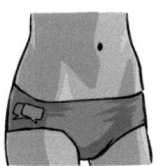

legeni

ዳሌ

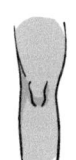

gjuri

ጉልበት

bërryli

ክርን

hunda

አፍንጫ

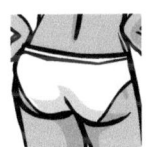

vithe

ቂጥ

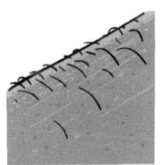

lëkura

ቆዳ

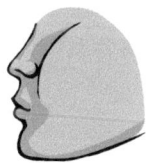

faqja

ጉንጭ

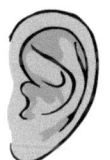

veshi

ጆሮ

buza

ከንፈር

goja

አፍ

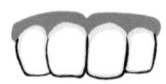

dhëmbët

ጥርስ

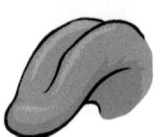

gjuha

ምላስ

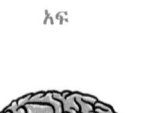

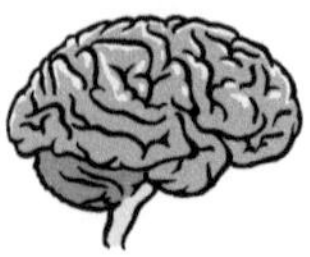

truri

አንጎል

zemra

ልብ

muskul

ጡንቻ

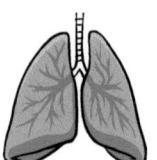

mushkëria

ሳምባ

mëlçia

ጉበት

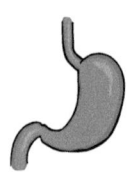

stomaku

ሆድ

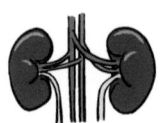

veshka

ኩላሊቶች

seks

የግብረስጋ ግንኙነት

prezervativ

ኮንዶም

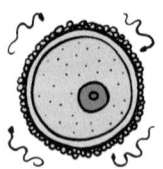

veza

የሴት እንቁላል

sperma

የዘር ፈሳሽ

shtatëzani

እርግዝና

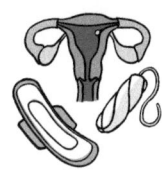

menstruacione

የወር አበባ

vagina

እምስ

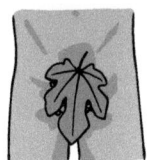

penis

ቁላ

vetulla

ቅንድብ

flokët

ፀጉር

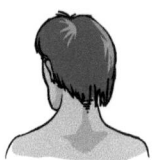

qafa

አንገት

spital

ሆስፒታል

ስፒታል
ambulanca
ምቡላንስ
karrige me rrota
ተሽከርካሪ ወንበር
thyerje
ስ ራት

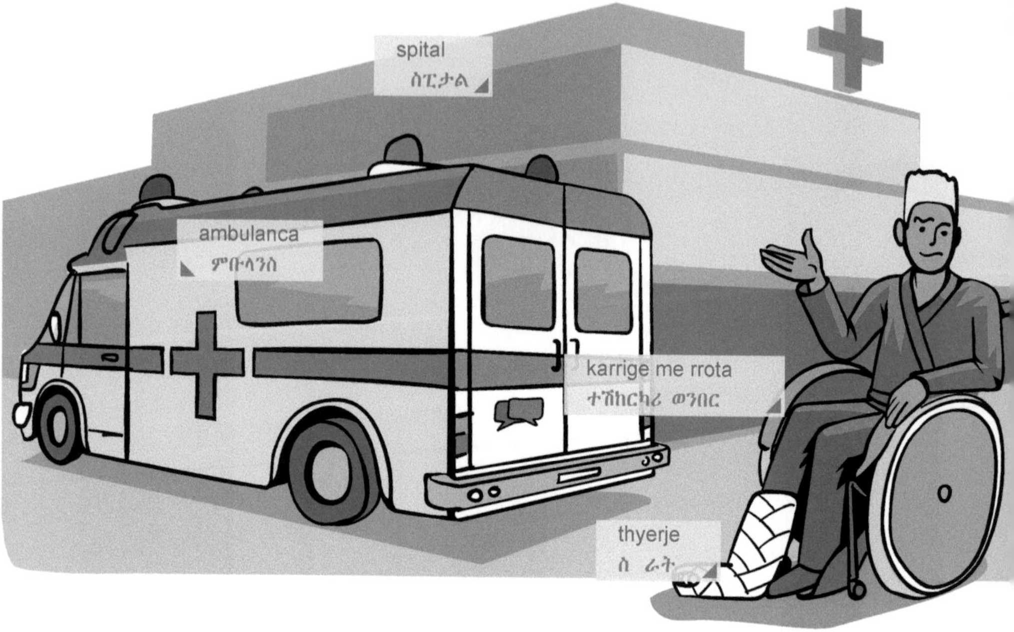

mjek

ዶክተር

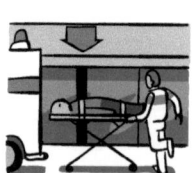

sallë urgjencash

ድንገተኛ ክፍል

infermiere

ነርስ

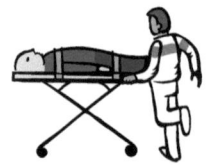

emergjencë

ድንገተኛ

i pandërgjegjshëm

ራስን መሳት/ ለማወቅ

dhimbje

ህመም

dëmtim

ጉዳት

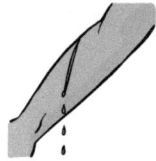

gjakosje

መድማት

infarkt

የልብ ድካም

goditje

ስትሮክ

alergji

አለርጂ

kolla

ሳል

ethe

ትኩሳት

grip

ኢንፍሎዌንዛ

diarre

ተቅማጥ

dhimbje koke

የራስ ምታት

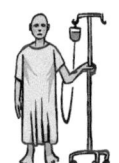

kancer

ካንሰር

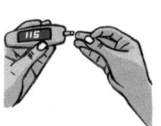

diabet

የስኳር በሽታ

kirurg

ቀዶ ጠጋኝ ሐኪም

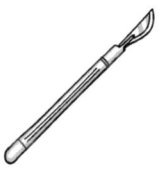

bisturi

የቀዶ ጥገና ስለት

operacion

ቀዶ ጥገና

CT (skaner)

ሲቲ

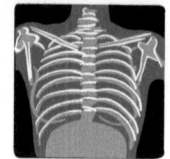

radiografi

ኤክስሬዮ

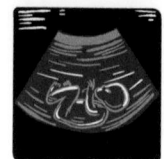

ultratingull

አልትራሳዉንድ

maskë fytyre

የፊት ጭምብል

sëmundje

በሽታ

dhomë pritjeje

መጠበቂያ ክፍል

paterica

ምርኩዝ

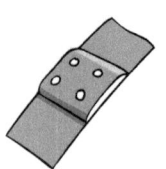

leukoplast

የቁስል ማሸጊያ

fasho

ፋሻ

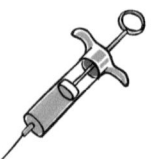

injeksion

መርፌ

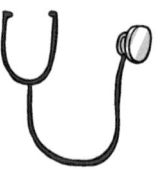

stetoskop

የልብ ምት ማዳመጫ መሳሪያ

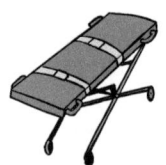

barelë

የበሽተኛ አልጋ

termometër

የህክምና ሙቀት መለኪያ መሳሪያ

lindje

መውለድ

mbipeshë

ከልክ ያለፈ ክብደት

aparat dëgjimi

ለመስማት የሚረዳ መሳሪያ

dezinfektant

ፀረ ተባይ መድሀኒት

infeksion

ማመርቀዝ

virus

ቫይረስ

HIV / AIDS

ኤች አይቪ ኤድስ

mjekësi, mjekim

ህክምና

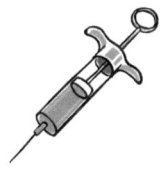

vaksinim

ክትባት

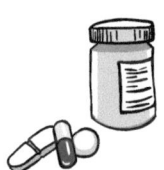

tableta

ኪኒን

pilulë

ኪኒን

telefonatë emergjence

አስቸኳይ የስልክ ጥሪ

aparat tensioni

ደም ግፊት መቆጣጠሪያ

i sëmurë / i shëndetshëm

ህመም/ ጤንነት

emergjencë

ድንገተኛ

Ndihmë!

እርዳታ!

alarm

ማንቂያ ደዉል

sulm

ጥቃት

atak

ድብደባ

rrezik

አደጋ

dalje emergjence

የድንገተኛ መዉጫ

Zjarr!

እሳት!

fikëse zjarri

እሳት ማጥፊያ

aksident

አደጋ

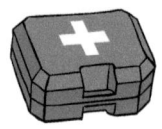

kuti e ndimës së shpejtë

የመጀመሪያ እርዳታ መድሃኒት መያዣ

SOS

ነፍስ አድን

policia

ፖሊስ

Europa

አዉሮፓ

Amerika e Veriut

ሰሜን አሜሪካ

Amerika e Jugut

ደቡብ አሜሪካ

Afrika

አፍሪካ

Azia

እስያ

Australia

አዉስትራሊያ

Atlantiku

አትላንቲክ

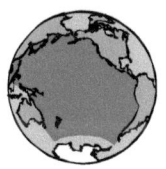

Paqësori

ፓስፊክ

Oqeani Indian

የህንድ ዉቅያኖስ

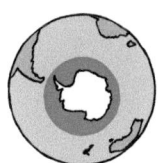

Oqeani Antarktik

አንታርክቲክ ዉቅያኖስ

Oqeani Arktik

አርክቲክ ዉቅያኖስ

Poli i veriut

ሰሜን ዋልታ

Poli i Jugut

ደቡብ ዋልታ

Antarktida

አንታርክቲካ

toka

ምድር

tokë

መሬት

det

ባህር

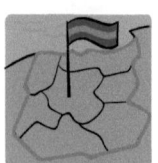

ishull

ደሴት

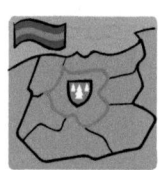

komb

አገርና ህዝብ

shtet

መንግስት

orë
ሰዓት

fusha e orës

የሰዓት ገፅታ

akrepi i orës

ሰዓት

akrepi i minutave

ደቂቃ

akrepi i sekondave

ሴኮንድ

Sa është ora?

ስንት ሰዓት ነው?

ditë

ቀን

kohë

ጊዜ

tani

አሁን

orë dixhitale

የቁጥር ሰዐት

minutë

ደቂቃ

orë

ሰዓታት

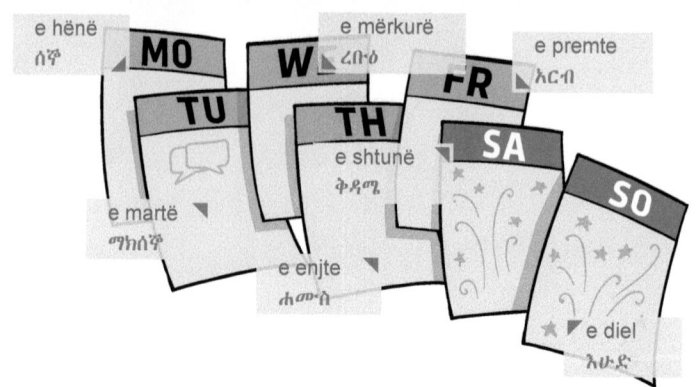

e hënë
ሰኞ
MO

e mërkurë
ረቡዕ
W

e premte
ኣርብ
FR

TU

TH
e shtunë
ቅዳሜ

SA

SO

e martë
ማክሰኞ

e enjte
ሐሙስ

e diel
እሁድ

dje

ትላንት

sot

ዛሬ

nesër

ነገ

mëngjes

ማለዳ

mesditë

ቀትር

mbrëmje

ምሽት

MO	TU	WE	TH	FR	SA	SU
1	2	3	4	5	6	7
8	9	10	11	12	13	14
15	16	17	18	19	20	21
22	23	24	25	26	27	28
29	30	31	1	2	3	4

ditë pune

የስራ ቀናት

MO	TU	WE	TH	FR	SA	SU
1	2	3	4	5	6	7
8	9	10	11	12	13	14
15	16	17	18	19	20	21
22	23	24	25	26	27	28
29	30	31	1	2	3	4

fundjavë

የዕረፍት ቀናት

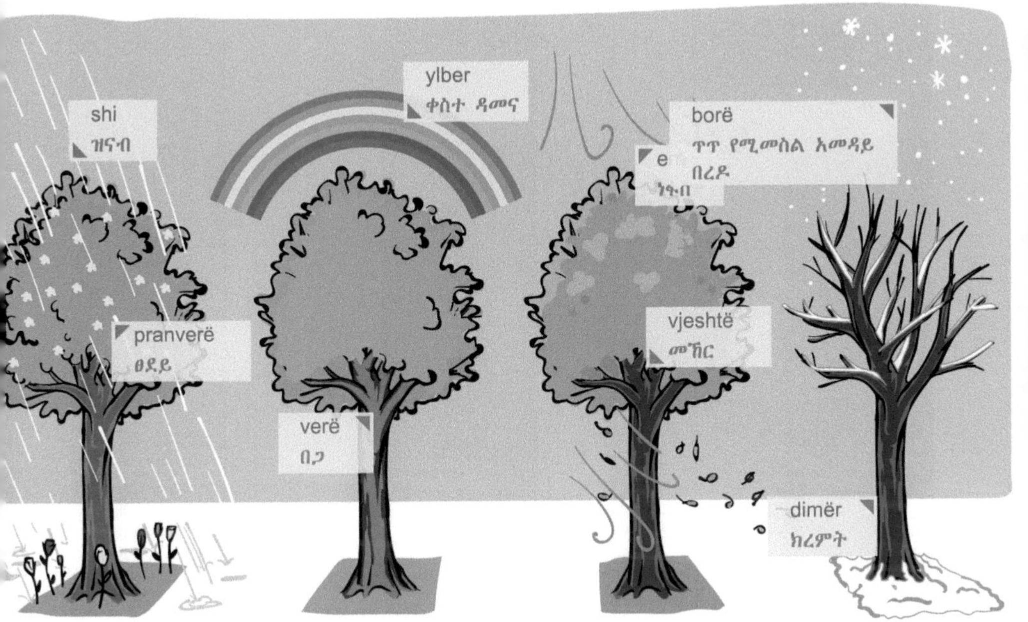

shi ዝናብ

ylber ቀስተ ዳመና

borë ጥጥ የሚመስል አመዳይ / በረዶ

e... ንፋስ

pranverë ፀደይ

verë በጋ

vjeshtë መኸር

dimër ክረምት

4.APRIL	11°
5.APRIL	4°
6.APRIL	13°
7.APRIL	8°
8.APRIL	10°

parashikimi i motit

የአየር ሁኔታ ትንበያ

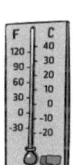

termometër

የሙቀት መለኪያ

ndriçim dielli

የፀሃይ ሙቀት

re

ደመና

mjegull

ጭጋግ

lagështi

እርጥበታማነት

vetëtima

መብረቕ

gjëmim

ነጎድጓድ

stuhi

ኣዉሎ ንፋስ

breshër

የበረዶ ዝናብ

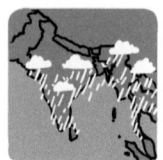

muson

ኣዉሎ ንፋስ

përmbytje

ጎርፍ

akull

በረዶ

janar

ጥር

shkurt

የካቲት

mars

መጋቢት

prill

ሚያዚያ

maj

ግንቦት

qershor

ሰኔ

korrik

ሐምሌ

gusht

ነሀሴ

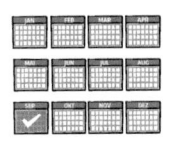

shtator

መስከረም

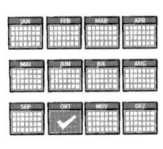

tetor

ጥቅምት

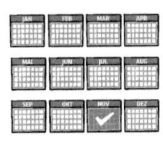

nëntor

ህዳር

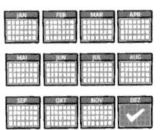

dhjetor

ታህሳስ

forma

ቅርፆች

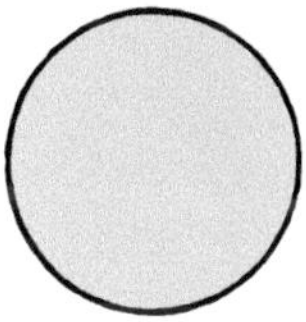

rreth

ክብ

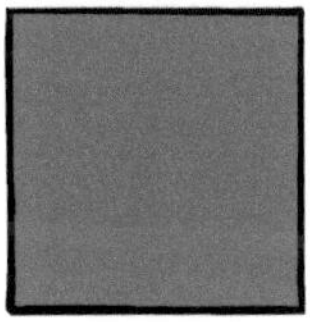

katror

አራት ማዕዘን

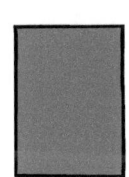

drejtkëndësh

አራት ቀጥተኛ ማዕዘኖች ጎኖች ያሉት ቅርፅ

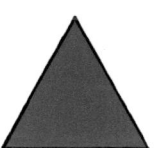

trekëndësh

ሶስት ማዕዘን

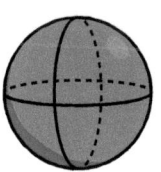

sferë

ሉል

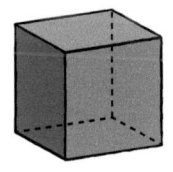

kub

ስድስት ጎን ያለዉ ቅርፅ

ngjyra
ቀለማት

e bardhë

ነጭ

e verdhë

ቢጫ

portokalli

ብርቱካናማ

rozë

ሮዝ

e kuqe

ቀይ

vjollcë

ወይን ጠጅ

blu

ሰማያዊ

e gjelbër

አረንጓዴ

kafe

ቡኒ

gri

ግራጫ

e zezë

ጥቁር

shumë / pak

ብዙ/ ጥቂት

i nevrikosur / i qetë

ንዴት/ እርጋታ

i bukur / i shëmtuar

ቆንጆ/ አስቀያሚ

fillim / fund

ጅማሬ/ ፍፃሜ

i madh / i vogël

ትልቅ/ ትንሽ

i ndritshëm / i errët

ደማቅ/ ደብዛዛ

vëlla / motër

ወንድም/ እህት

e pastër / e pistë

ንፁህ/ ቆሻሻ

e plotë / jo e plotë

የተሟላ/ ያልተሟላ

ditë / natë

ቀን/ ምሽት

gjallë / vdekur

የሞተ/ ህያዉ

i gjerë / i ngushtë

ሰፊ/ ጠባብ

i ngrënshëm / i pangrënshëm
....
የሚበላ/ የማይበላ

i keq / i këndshëm
....
ክፉ/ ደግ

i lumtur / i mërzitur
....
ደስተኛ/ ድብርተኛ

i shëndoshë / i dobët
....
ወፍራም/ ቀጭን

e para / e fundit
....
መጀመርያ/ መጨረሻ

mik / armik
....
ጓደኛ/ ጠላት

plot / bosh
....
ሙሉ/ ጎዶሎ

e fortë / e butë
....
ጠንካራ/ ለስላሳ

e rëndë / e lehtë
....
ከባድ/ ቀላል

uri / etje
....
ረሃብ/ ጥማት

i sëmurë / i shëndetshëm
....
ህመም/ ጤንነት

e paligjshme / e ligjshme
....
ህገወጥ/ ህጋዊ

i zgjuar / budalla
....
ጎበዝ/ ደደብ

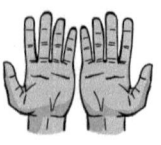

majtas / djathtas
....
ግራ/ ቀኝ

afër / larg
....
ቅርብ/ ሩቅ

e re / e përdorur

አዲስ/ አሮጌ

asgjë / diçka

ምንም/ የሆነ ነገር

i moshuar / i ri

ሽማግሌ/ ወጣት

ndezur / fikur

የበራ/ የጠፋ

hapur / mbyllur

ክፍት/ ዝግ

i qetë / i zhurmshëm

ፀጥታ/ ጫጫታ

i pasur / i varfër

ሃብታም/ ደሃ

e drejtë / e gabuar

ትክክለኛ/ የተሳሳተ

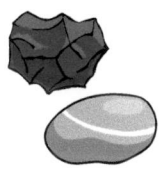

i ashpër / i butë

ሻካራ/ ለስላሳ

i mërzitur / i lumtur

ሐዘን/ ደስታ

i shkurtër / i gjatë

አጭር/ ረዥም

ngadalë / shpejt

ዝግተኛ/ ፈጣን

i lagësht / i thatë

እርጥብ/ ደረቅ

ngrohtë / freskët

ሞቃት/ ቀዝቃዛ

luftë / paqe

ጦርነት/ ሰላም

numra

ቁጥሮች

0	1	2
zero	një	dy
ዜሮ	አንድ	ሁለት
3	4	5
tre	katër	pesë
ሶስት	አራት	አምስት
6	7	8
gjashtë	shtatë	tetë
ስድስት	ሰባት	ስምንት
9	10	11
nentë	dhjetë	njëmbëdhjetë
ዘጠኝ	አስር	አስራ አንድ

12

dymbëdhjetë

አስራ ሁለት

13

trembëdhjetë

አስራ ሶስት

14

katërmbëdhjetë

አስራ አራት

15

pesëmbëdhjetë

አስራ አምስት

16

gjashtëmbëdhjetë

አስራ ስድስት

17

shtatëmbëdhjetë

አስራ ሰባት

18

tetëmbëdhjetë

አስራ ስስምንት

19

nentëmbëdhjetë

አስራ ዘጠኝ

20

njëzetë

ሃያ

100

qind

መቶ

1.000

mijë

ሽህ

1.000.000

milion

ሚሊዮን

anglist

እንግሊዝኛ

anglishte amerikane

የአሜሪካ እንግሊዝኛ

kinezisht mandarin

የቻይና ማንዳሪን

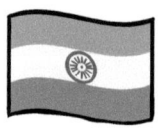

hindi

ሂንዱ

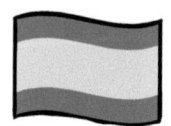

spanjisht

ስፓኒሽ

frëngjisht

ፍሬንች

arabisht

አረብኛ

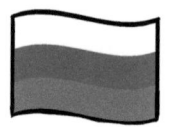

rusisht

ራሺያኛ

portugalisht

ፖርቱጊዝ

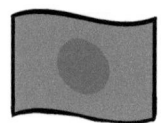

bengalisht

ቤንጋሊ

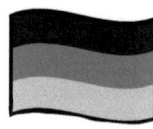

gjermanisht

ጀርመን

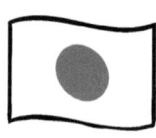

japonisht

ጃፓንኛ

kush / çfarë / si

ማን/ ምን/ እንዴት

unë

እኔ

ti

አንተ

ai / ajo

እሱ/ እርሷ/ እቃዉ

ne

እኛ

ju

አንተ

ata

እነርሱ

kush?

ማን?

çfarë?

ምን?

si?

እንዴት?

ku?

የት?

kur?

መቼ?

emër

ስም

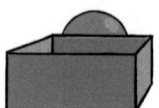

ku

የት

pas

በስተጀርባ

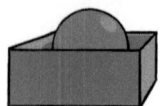

në

ዉስጥ

përballë

ከፊት ለፊት

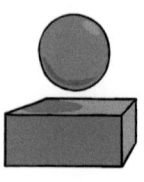

sipër

ከላይ

mbi

ላይ

poshtë

ከስር

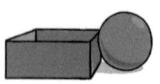

pranë

አጠገብ

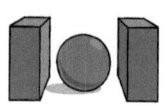

midis

መሃከል

vend

ቦታ